¿Quién fue Marie Curie?

¿Quién fue
Marie Curie?

Megan Stine

Ilustraciones de Ted Hammond

loqueleo

SANTILLANA USA

Para mi madre.

M.S.

loqueleo

Título original: *Who Was Marie Curie?*
© Del texto: 2014, Megan Stine
© De las ilustraciones: 2014, Ted Hammond
© De la ilustración de portada: 2014, Nancy Harrison
Todos los derechos reservados.

Publicado en español con la autorización de Grosset & Dunlap,
una división de Penguin Group

© De esta edición:
2019, Vista Higher Learning, Inc.
500 Boylston Street, Suite 620.
Boston, MA 02116-3736
www.vistahigherlearning.com
www.santillanausa.com

Dirección editorial: Isabel C. Mendoza
Cuidado de la edición: Ana I. Antón
Coordinación de montaje: Claudia Baca
Traducción: Eduardo Noriega
Servicios editoriales por Cambridge BrickHouse, Inc.
www.cambridgebh.com

Loqueleo es un sello de **Santillana**

Estas son sus sedes:
ARGENTINA, BOLIVIA, BRASIL, CHILE, COLOMBIA, COSTA RICA, ECUADOR, EL SALVADOR,
ESPAÑA, ESTADOS UNIDOS, GUATEMALA, MÉXICO, PANAMÁ, PARAGUAY, PERÚ, PORTUGAL,
PUERTO RICO, REPÚBLICA DOMINICANA, URUGUAY Y VENEZUELA

¿Quién fue Marie Curie?
ISBN: 978-1-631-13424-1

Índice

¿Quién fue Marie Curie?

Un día de noviembre de 1903, Marie Curie y su esposo recibieron una carta por correo. ¡Era una invitación para que viajaran de París a Suecia a conocer al rey y la reina de ese país! Marie estaba a punto de recibir una medalla de oro, una ostentosa cena y una gran cantidad de dinero. Estaba por convertirse en una persona mundialmente famosa. ¡Le iban a entregar el Premio Nobel!

¿Qué la hacía a ella merecedora de todo esto?

Marie Curie era científica en una época en la que casi ninguna mujer se dedicaba a esta actividad. De hecho, la mayoría de las mujeres no iban a la universidad en ese entonces. Marie era diferente a ellas. Hablaba cinco idiomas y le gustaban tanto los problemas de matemáticas, que su padre se los enviaba en las cartas que le escribía. ¡Conoció a Albert Einstein, el científico más famoso del mundo! Marie era brillante y estaba decidida a alcanzar el éxito.

A Marie le otorgaban el Premio Nobel por su labor científica. Ella descubrió un nuevo metal al que llamó radio.

Al principio, Marie ni siquiera sabía lo que era este nuevo metal. Solo veía que era sumamente poderoso y que emitía energía. Brillaba en la oscuridad, despidiendo una luz verde tenue. Marie pensaba que se parecía a la luz de las hadas.

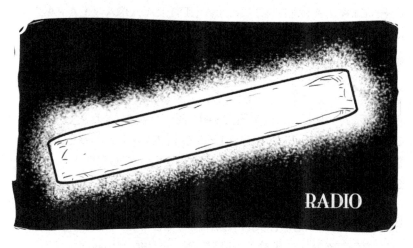

RADIO

Cuando Marie terminó su investigación, su descubrimiento cambió el mundo para bien y para mal. Marie Curie se convertiría en la científica más famosa de la historia.

EL PREMIO NOBEL

EL PREMIO NOBEL ES UNO DE LOS RECONOCIMIENTOS MÁS FAMOSOS E IMPORTANTES QUE SE OTORGAN EN EL MUNDO. FUE CREADO POR ALFRED NOBEL, EL CIENTÍFICO SUECO QUE INVENTÓ LA DINAMITA. ÉL ERA MUY RICO Y QUERÍA PREMIAR A LAS PERSONAS QUE CONTRIBUÍAN A HACER DEL MUNDO UN LUGAR MEJOR. EL PREMIO NOBEL ES UN LEGADO EN SU TESTAMENTO Y SE OTORGA EN LOS CAMPOS DE LA CIENCIA, LA MEDICINA, LA LITERATURA Y LA PAZ. ¡CADA PREMIO NOBEL DEL AÑO 2013 REBASÓ EL MILLÓN DE DÓLARES EN EFECTIVO!

A LOS GANADORES DEL PREMIO NOBEL SE LES INVITA A VIAJAR A ESTOCOLMO, SUECIA, PARA PARTICIPAR EN UNA ELEGANTE CEREMONIA EN LA CUAL EL REY DE SUECIA LES OTORGA UNA MEDALLA DE ORO, SEGUIDA POR UN GRAN BANQUETE OFRECIDO POR ÉL Y POR LA REINA.

LOS PRIMEROS PREMIOS NOBEL SE ENTREGARON EN 1901. UNO DE LOS PREMIOS DE CIENCIA SE LE OTORGÓ A WILHEM RÖNTGEN, EL HOMBRE QUE DESCUBRIÓ LOS RAYOS X. MARIE Y PIERRE CURIE LO GANARON EN 1903. LA LISTA DE GANADORES FAMOSOS TAMBIÉN INCLUYE A ALBERT EINSTEIN, MARTIN LUTHER KING, JR., BARACK OBAMA, JIMMY CARTER Y AL GORE.

Capítulo 1
Deseosa de aprender

María Sklodowska nació el 7 de noviembre de 1867. Tenía tres hermanas y un hermano, todos mayores que ella. Sus padres eran maestros. Su madre dirigía una escuela y su padre enseñaba ciencias. Tiempo después, administró sus propias escuelas.

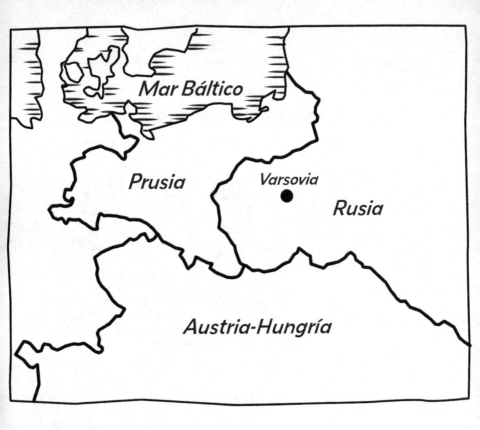

María nació en Varsovia, la capital de Polonia. En realidad, Polonia no existía como país en esa época. Sus naciones vecinas la habían invadido y dividido en tres partes. María vivía en la zona que controlaba Rusia.

Los guardias rusos transitaban las calles donde María vivía y patrullaban las escuelas donde enseñaban sus padres. Tenían reglas estrictas: nadie podía cantar canciones polacas, a las escuelas no se les permitía enseñar Historia de Polonia, los maestros y los estudiantes no podían hablar polaco y había que dictar las clases en ruso.

La familia de María detestaba a los rusos y sus reglas. Su padre estaba muy orgulloso de ser polaco, enseñaba a sus hijos a amar su país y a odiar a los rusos. Cuando María y una amiga pasaban al lado de la estatua de un ruso, la escupían.

María era una niña maravillosa, brillante y curiosa. A los cuatro años, le encantaba mirar a través de los cristales de un mueble donde su papá guardaba sus instrumentos científicos. Adoraba a su padre y escuchaba atentamente cada cosa que decía. Él convertía cada conversación en una lección, inventaba juegos para enseñarles geografía a sus hijos, les proporcionaba problemas matemáticos y les leía poemas en voz alta. Hablaba cinco idiomas y María aprendió a hablarlos también.

En la escuela, María era la niña más inteligente de su clase. Podía responder correctamente todas las preguntas, tanto en polaco como en ruso. Cuando los guardias rusos no estaban a la vista, los maestros furtivamente dictaban las clases en polaco.

Un día, un guardia ruso llegó de visita al aula. Rápidamente, toda la clase comenzó a hablar de nuevo en ruso. Todos estaban nerviosos porque, si los guardias llegaban a descubrir la verdad, podían castigar a la gente llevándosela a un lugar frío y distante de Rusia llamado Siberia.

El maestro le pidió a María que contestara las preguntas que el guardia le iba a hacer en ruso. Ella pasó la prueba de manera sobresaliente pero se

sentía mal por lo que hizo. Pensaba que había trai-
cionado a su país al obedecer a los rusos.

La vida de la familia de María fue difícil. Su madre padecía una grave enfermedad llamada tuberculosis. Tuvo que ausentarse por más de un año para tratar de recuperarse.

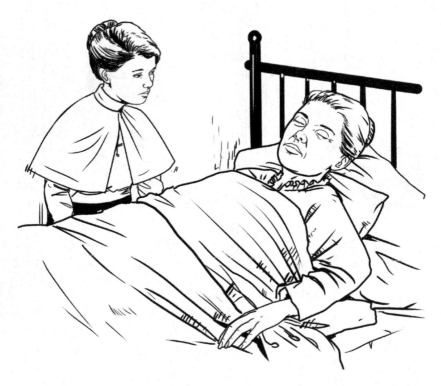

Al poco tiempo, despidieron al padre de María de su trabajo en una escuela rusa. Para ganar dinero, él abrió un colegio en su casa al cual acudían, diariamente, más de veinte muchachos. Algunos vivían

internados y otros solo venían a estudiar. La casa estaba muy llena, había mucho ruido y no se mantenía muy limpia.

Con tantas personas en la misma casa, la probabilidad de enfermarse era alta. Zosia, la hermana de María, contrajo una enfermedad llamada tifus y murió. Cuatro años después, falleció su madre, lo cual la sumió en una gran tristeza.

Al finalizar el año académico, el maestro de María le dijo a su padre que ella estaba estresada. Pensaba que debía tomarse un receso escolar de un año. Contrariando la recomendación, su padre la envió a una exigente escuela rusa. En la familia de María, nadie había tomado nunca un descanso durante el proceso de aprendizaje.

En 1883, María se graduó de primera en su clase a la edad de quince años. ¡Hasta le otorgaron una medalla de oro por ser la mejor estudiante de la escuela!

Cuando María terminó el bachillerato, su padre accedió a dejarla tomarse un descanso. Era muy joven para casarse y su padre no contaba con recursos para enviarla a una universidad. En consecuencia, la mandó a vivir con unos familiares que residían en el campo.

Durante el año siguiente, María llevó una vida maravillosa y relajada. Sus tíos tocaban música, la llevaban a bailes e invitaban a muchas personas interesantes a la casa. Frecuentemente, María dormía hasta tarde y jugaba afuera como una chiquilla. Le encantaba columpiarse, recoger bayas silvestres, pescar, leer y jugar. Acudía a fiestas en las noches y aprendió un baile polaco llamado mazurca.

¡María se sentía tan libre! Una vez escribió que, en el campo, podía hasta "cantar canciones patrióticas sin ser arrestada".

Fueron los momentos más felices que había tenido hasta entonces en su corta vida.

Capítulo 2
La universidad secreta

Tras descansar y haber alcanzado ya una cierta edad, María se encontraba deseosa de comenzar la universidad. Sin embargo, su familia solo tenía dinero para financiar a un estudiante a la vez. Ella y sus hermanas habrían de esperar su turno porque su hermano Josef había ingresado en la Escuela de Medicina. Más aun, la Universidad de Varsovia no admitía mujeres.

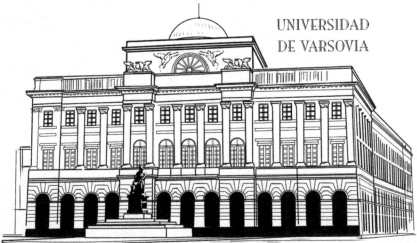

UNIVERSIDAD
DE VARSOVIA

Durante el próximo año, María decidió estudiar por su cuenta. Ella anhelaba convertirse en científica como su padre. Pero, ¿cómo podría aprender ciencias sin profesores, laboratorios y aulas?

Por suerte, una señora muy astuta de nombre Jadwiga Dawidowa la podía ayudar. Sabiendo que muchas jóvenes polacas querían estudiar, aun y cuando esto representara romper las reglas rusas y poder ser castigadas, Jadwiga fundó una universidad secreta.

Al principio, los científicos y escritores más inteligentes de Varsovia se ofrecieron a enseñar y dictaban las clases

JADWIGA DAWIDOWA

en hogares privados. Un tiempo después, Jadwiga mudó la universidad, secretamente, a edificaciones más amplias; pero tenía que cambiar rápida y

constantemente de sede para que la policía rusa no los descubriera. Su iniciativa no tardó en conocerse como la "Universidad Flotante".

María y su hermana Bronia estudiaron allí, aunque ambas soñaban con asistir, algún día, a una universidad formal. Pero, ¿dónde? Su mejor opción era La Sorbona, una universidad de París, en Francia. Era probablemente la mejor universidad de Europa y admitía mujeres.

LA SORBONA

María y Bronia elaboraron un plan: ¡se turnarían! Bronia se iría a estudiar a París primero mientras que María permanecería en Polonia ganando dinero para las dos. Una vez que Bronia se graduara de La Sorbona, le tocaría a María.

María consiguió un trabajo como institutriz por lo que, a sus dieciocho años, dejó a su querido padre y su hogar para irse a vivir con una familia

rica del interior del país. Su trabajo como institutriz consistía en educar a los niños de la familia, con
la particularidad de que una de sus estudiantes era
un año mayor que ella.

A María le gustaba su trabajo. Disponía de una
habitación amplia y de abundante comida. El matrimonio era amable con ella. La invitaban a fiestas y
la trataban casi como a un miembro más de la familia. En su tiempo libre, leía libros de matemáticas y
de ciencias.

Un día, un encuentro alteró todo. María conoció al hijo mayor de la familia. Se llamaba Kazimierz, o Kaz en su forma abreviada. Ambos se enamoraron pero, cuando la familia de Kaz se enteró, le prohibieron casarse con ella porque era solo una institutriz. Aunque era inteligente, educada y tenía buenos modales, ellos la consideraban una sirvienta y, en consecuencia, no sería la esposa adecuada para su hijo.

A partir de ese momento, María se sintió infeliz. Odiaba vivir y trabajar para personas que la menospreciaban pero, como tenía que cumplir su compromiso con Bronia, conservó el puesto por poco más de un año.

Después María trabajó como institutriz para otra familia y, luego, regresó a casa para estudiar de nuevo en la Universidad Flotante.

Finalmente, su hermana Bronia le escribió desde París contándole que había terminado sus estudios y que se había casado con un hombre que, casualmente, se llamaba Kazimierz, como el antiguo novio de María. Bronia y su Kaz la invitaron a vivir con ellos para que pudiera asistir a La Sorbona.

En 1891, María tomó un tren rumbo a París y, al llegar, se cambió el nombre a Marie, el equivalente de María en francés.

Comenzaba así una nueva vida.

Capítulo 3
Hambrienta pero feliz

El viaje en tren a París tomó tres días. Como Marie no podía pagar por un asiento, hizo todo el trayecto en una banqueta que había traído consigo. Apenas tenía comida y sentía tanto frío en el vagón que se envolvió en mantas. Estas penurias eran apenas las primeras de muchas que comenzaría a afrontar diariamente.

Pero eso no le importaba porque ella estaba feliz de cumplir finalmente su sueño. La Sorbona era un lugar diferente donde casi no había reglas, podía cursar las materias que deseara, no tenía que ir a clase si no quería, ¡y hasta podía decidir si tomaba o no los exámenes! Lo mejor de todo es que la matrícula era gratis.

Sin embargo, vivir con Bronia no era tan divertido porque ella y Kaz eran doctores y sus pacientes venían a la casa para recibir tratamiento.

Siempre había mucha gente y ruido. El viaje diario a La Sorbona duraba una hora y Marie lo hacía en la planta superior de un autobús abierto, expuesta al frío tanto en la ida como en la vuelta.

A los seis meses, Marie se mudó a una vivienda que alquiló más cerca de La Sorbona. El apartamento era una pequeña habitación ubicada en el último piso de un edificio. Como no tenía cocina, ¡Marie preparaba sus comidas sobre una lámpara

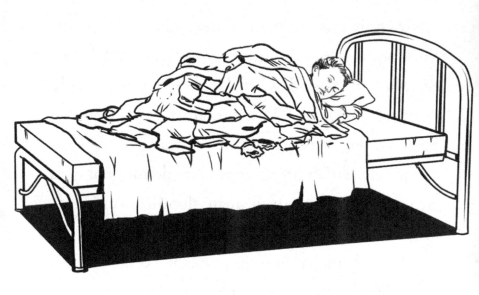

de alcohol! Estas se reducían a pan y quizás una taza de chocolate caliente, un huevo o una fruta. Marie estaba tan hambrienta que una vez se desmayó mientras estudiaba en la biblioteca.

La habitación se ponía tan fría en el invierno que hasta el agua de un recipiente se podía congelar. Si deseaba calefacción, tenía que comprar carbón y subirlo cargado seis tramos de escalera. No siempre podía costearlo por lo que, la mayoría de las veces, dormía con toda su ropa apilada sobre el cuerpo para así entrar en calor.

Era muy duro para una mujer sola vivir en París. Muy pocas iban a la universidad y, cuando Marie entró a la Escuela de Ciencias de La Sorbona, solo veintitrés de los 1825 estudiantes eran mujeres. Eran tan pocas las mujeres que estudiaban en Francia que no tenían un término para denominar a las estudiantes. El que utilizaban significa "amiga de un estudiante".

Marie hablaba francés pero, al comienzo, no muy bien. Le costaba entender a los franceses y cerciorarse de que pronunciaba correctamente.

Aun así, Marie estaba feliz. Años más tarde, se refirió a esa época como uno de los mejores

recuerdos de su vida. Le encantaban sus materias y estudiaba cada minuto que pasaba despierta. Lo único que le importaba era la ciencia. Le daban clase algunos de los científicos más prominentes de toda Europa y uno de sus profesores, Gabriel Lippmann, llegó a ganar después el Premio Nobel por inventar un procedimiento para hacer fotografías a color. Después de tres años de ardua dedicación y estudio constante,

GABRIEL LIPPMANN

Marie presentó sus exámenes finales de ciencia. Ese año, solo se graduaron dos mujeres y Marie fue la mejor estudiante de su salón, superando a todos los hombres.

Ahora que había terminado de estudiar, Marie planeaba volver a Polonia puesto que le había prometido a su padre que regresaría para cuidarlo.

Entonces tuvo un golpe de suerte: le otorgaron una beca para permanecer un año más. Esta vez estudiaría matemáticas, a lo cual no podría resistirse. Si aprender era lo que le había dado más satisfacción en su vida, ¿por qué habría de dejar de hacerlo ahora?

Capítulo 4
Dos amores

Marie estudió matemáticas en La Sorbona todo el año siguiente. Al presentar sus exámenes, terminó de segunda en su clase.

¿Era ya hora de regresar a Polonia como había prometido?

Todavía no. El profesor Gabriel Lippmann le consiguió un trabajo en uno de los laboratorios de la universidad para investigar el magnetismo y el acero.

El magnetismo es la fuerza que causa que los imanes y el metal se adhieran. Era ideal para Marie porque lo que más disfrutaba era hacer experimentos. El único problema era que el laboratorio no contaba con los mejores equipos, por lo que a Marie le costaba hacer los experimentos y obtener buenos resultados.

Para ayudarla, unos amigos polacos le presentaron a Pierre Curie, un científico francés que se había hecho famoso a muy temprana edad. Cuando tenía veintiún años, él y su hermano descubrieron que los cristales de cuarzo pueden retener una carga eléctrica. Poco después inventó un instrumento científico denominado electrómetro, que se empleaba para medir cantidades de electricidad

PIERRE CURIE

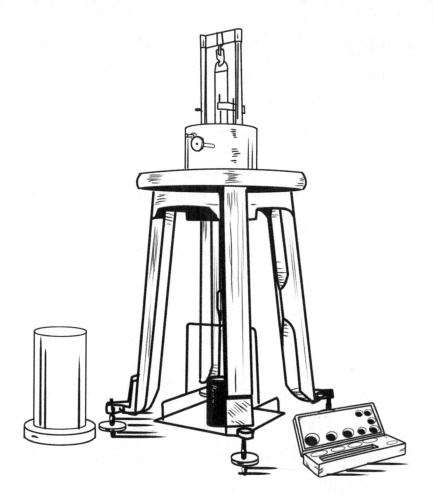

muy pequeñas. Marie lo necesitaba para sus experimentos.

La vida de Marie cambió el día que conoció a Pierre. Hasta ese momento, pensaba que nunca se iba a volver a enamorar y que eso no era importante.

Planificaba dedicarle su vida a la ciencia exclusivamente. Pero Pierre era muy especial y diferente a los demás hombres. Era inteligente, tranquilo y amaba la ciencia tanto como ella. En muchos sentidos, era como ella.

Pierre fue educado en una familia similar a la de Marie. Su padre era doctor y científico. Al igual que los padres de Marie, sus padres pensaban que la educación era sumamente importante. Le enseñaban en la casa porque, a diferencia de Marie, Pierre tenía problemas de aprendizaje en la escuela. Le permitieron definir su rumbo y, al descubrir cuánto le gustaban la matemática y la ciencia, pasó de aprender lento a hacerlo a gran velocidad. A sus veintitrés años de edad, ¡ya Pierre daba clases en la universidad!

Apenas Marie y Pierre se conocieron, cada uno supo al instante que el otro era especial. Pierre sintió que había encontrado a "una mujer genial". Marie sabía que Pierre era el tipo de hombre con el que podía hablar y en quien podía confiar. Lo invitó a su pequeño apartamento a tomarse un té y conversar de ciencia. Rápidamente, Pierre se enamoró de Marie. Se quería casar con ella pero Marie se sentía

insegura. Kaz le rompió una vez el corazón y ella no estaba lista para darse otra oportunidad. Así que regresó a Varsovia en el verano de 1894.

Sin embargo, Pierre no desistió. Le escribió rogándole que regresara a París para estar a su lado. Incluso, le ofreció abandonar su amada Francia para irse a vivir a Polonia.

Finalmente, Marie se dio cuenta de que Pierre realmente la amaba y que ambos podían compartir su vida de científicos juntos. Se casaron en Francia el 26 de julio de 1895, un día perfecto de verano. La recepción se llevó a cabo en el jardín de los padres de Pierre. La comida que sirvieron fue maravillosa, incluyendo un gran pavo y melocotones gigantes. Al concluir, los invitados jugaron un juego de pelota francés en el césped. En todos los aspectos, fue una celebración feliz.

Para su luna de miel, compraron dos bicicletas y las condujeron en una larga travesía que duró todo el verano.

Regresaron a París en el otoño y rápidamente se reintegraron al trabajo. No había nada que los hiciera más felices que pasar todo el día, incluso la noche, en el laboratorio.

Capítulo 5
El descubrimiento de Marie

Marie continuó estudiando durante algunos años y, entretanto, mantenía su trabajo investigando el magnetismo.

Disfrutaba su vida con Pierre. Cada semana, compraba flores frescas para el apartamento y aprendió a hacer mermelada de grosellas. Iban a todas partes en bicicleta y se fueron enamorando cada vez más.

El 12 de septiembre de 1897, tuvieron una niña a la que llamaron Irene. A los pocos meses, el padre de Pierre se mudó con ellos. Quería ayudarlos a cuidar a su nieta, lo cual alegró a Marie porque ya estaba lista para regresar a trabajar.

En aquella época, casi ninguna mujer trabajaba fuera del hogar. Pero Marie era diferente y deseaba realizar una investigación importante que le permitiera obtener un doctorado, título académico que la convertiría en profesora. La pregunta era: ¿qué debía investigar?

Marie y Pierre vivieron en París durante una época emocionante. El mundo enloquecía con un nuevo hallazgo científico: ¡los rayos X! Se habían descubierto hacía ya dos años pero los científicos trataban de descifrar cómo es que funcionaban estos misteriosos rayos. Rápidamente, se dieron cuenta de que podían hacer que algunas cosas resplandecieran en la oscuridad.

Pero Marie quería que su objeto de estudio fuese exclusivo, así que decidió investigar un tipo de rayos diferentes llamados Becquerel, en honor a su descubridor, Henri Becquerel. Un metal llamado uranio produce estos rayos.

HENRI BECQUEREL

HENRI BECQUEREL PROVENÍA DE UNA FAMILIA DE CIENTÍFICOS. SU PADRE Y SU ABUELO HABÍAN ESTUDIADO OBJETOS FOSFORESCENTES, COSAS QUE RESPLANDECÍAN EN LA OSCURIDAD.

HENRI SIGUIÓ SUS PASOS Y, SIN ESFORZARSE MUCHO, FUE ADMITIDO RÁPIDAMENTE EN LA ACADEMIA FRANCESA DE CIENCIAS. SU CAMINO AL ÉXITO ESTABA DESPEJADO PORQUE SU PADRE ERA FAMOSO.

HENRI EXPERIMENTÓ CON LOS RAYOS X Y EL URANIO. DESCUBRIÓ LA RADIACTIVIDAD ANTES QUE MARIE CURIE PERO NUNCA LE ADJUDICÓ UN TÉRMINO. NO SE HABÍA DADO CUENTA DE QUE MUCHAS SUSTANCIAS QUÍMICAS EMITEN ENERGÍA NI COMPRENDÍA COMPLETAMENTE DE DÓNDE PROVENÍA. BECQUEREL SE AFERRÓ A LA IDEA DE QUE ESTA ENERGÍA TENÍA ALGO QUE VER CON LA FOSFORESCENCIA.

HENRI DEJÓ DE EXPERIMENTAR CON URANIO DESPUÉS DE SUS PRIMEROS DESCUBRIMIENTOS. ESTA FUE UNA DE LAS RAZONES POR LAS QUE MARIE CURIE DECIDIÓ RETOMAR ESA LÍNEA DE INVESTIGACIÓN.

Hoy en día, sabemos que el uranio es uno de los pocos metales que emite poderosos rayos radiactivos. Este término no existía cuando Marie Curie comenzó su investigación. Nadie sabía por qué el uranio emitía energía o hacía que los objetos brillaran en la oscuridad, ni que este podía usarse para construir una bomba o una planta nuclear. La investigación de Marie abrió las puertas a todo este conocimiento.

Con la ayuda de Pierre, Marie armó un laboratorio que ambos compartieron. Era un lugar frío y sucio, apenas un antiguo almacén de la escuela donde Pierre daba clases. A Marie no le importaba porque solo le preocupaba el trabajo.

En el laboratorio, Marie empleaba el electrómetro para medir los rayos que provenían de diferentes metales. Las pruebas requerían mucha habilidad y que ella mantuviera las manos muy firmes. Nadie podía hacerlas tan bien como ella. ¡Incluso Becquerel intentó y fracasó!

En primer lugar, Marie analizó el uranio. Luego analizó otros metales como el oro y el cobre, pero solo el uranio emitía rayos.

Entonces Marie hizo algo brillante que transformaría la ciencia para siempre. Decidió estudiar una piedra llamada pechblenda, que contiene mucho uranio y también otros metales.

Al realizar las pruebas, observó que la pechblenda emitía *muchos más* rayos que el uranio puro. Marie concluyó que, para que esto ocurriera, tenía que haber otro metal mezclado

PECHBLENDA

en su composición y que, cualquiera que este fuese, tenía mucha más energía que el uranio.

Pronto, Marie supo con certeza que había descubierto un elemento que el mundo desconocía. Llamó a este nuevo metal Polonio en honor a su patria, Polonia. Después creó el término "radiactividad" para nombrar los rayos que emiten los metales. Significa que metales como el uranio y el polonio emiten energía en el aire.

¿QUÉ ES UN ELEMENTO?

SE LLAMA ELEMENTO A CADA SUSTANCIA FORMADA POR ÁTOMOS IGUALES. LOS METALES COMO EL COBRE, EL ORO Y EL URANIO SON ELEMENTOS. TAMBIÉN LO SON GASES COMO EL HELIO, EL CUAL SE USA PARA INFLAR GLOBOS. EL AIRE QUE RESPIRAMOS NO ES UN ELEMENTO PORQUE, EN SÍ MISMO, NO ES UNA SUSTANCIA

Tabla periódica de los

1 H								
3 Li	4 Be							
11 Na	12 Mg							
19 K	20 Ca	21 Sc	22 Ti	23 V	24 Cr	25 Mn	26 Fe	27 Co
37 Rb	38 Sr	39 Y	40 Zr	41 Nb	42 Mo	43 Tc	44 Ru	45 Rh
55 Cs	56 Ba	57-71	72 Hf	73 Ta	74 W	75 Re	76 Os	77 Ir
87 Fr	88 Ra	89-103	104 Rf	105 Db	106 Sg	107 Bh	108 Hs	109 Mt

Serie de lantánidos	57 La	58 Ce	59 Pr	60 Nd	61 Pm	62 Sm	63 Eu
Serie de actínidos	89 Ac	90 Th	91 Pa	92 U	93 Np	94 Pu	95 Am

PURA. ES UNA MEZCLA DE OXÍGENO CON OTROS
ELEMENTOS.

LOS CIENTÍFICOS DISPONEN DE UNA
TABLA QUE LES INDICA CUÁLES SON TODOS
LOS ELEMENTOS EN EL MUNDO. HASTA AHORA
CONOCEMOS 118 PERO LOS CIENTÍFICOS PUEDEN
SEGUIR DESCUBRIENDO MÁS.

elementos

									2 He
			5 B	6 C	7 N	8 O	9 F	10 Ne
			13 Al	14 Si	15 P	16 S	17 Cl	18 Ar
28 Ni	29 Cu	30 Zn	31 Ga	32 Ge	33 As	34 Se	35 Br	36 Kr
46 Pd	47 Ag	48 Cd	49 In	50 Sn	51 Sb	52 Te	53 I	54 Xe
78 Pt	79 Au	80 Hg	81 Tl	82 Pb	83 Bi	84 Po	85 At	86 Rn
110 Os	111 Rg	112 Cn	113 Uut	114 Fl	115 Uup	116 Lv	117 Uus	118 Uuo
64 Gd	65 Tb	66 Dy	67 Ho	68 Er	69 Tm	70 Yb	71 Lu	
96 Cm	97 Bk	98 Cf	99 Es	100 Fm	101 Md	102 No	103 Lr	

Para que el mundo conociera sus descubrimientos, Marie hizo lo que los científicos siempre hacen: escribió un informe. Quería leerlo a un grupo de colegas en la Academia de Ciencias de París. La Academia era como un exclusivo club de ciencia para los científicos más importantes de Francia. Era difícil afiliarse a ella puesto que sus miembros se elegían por votación.

Marie y Pierre no eran miembros de la Academia. En aquel momento, Pierre ni siquiera podía conseguir empleo como profesor en La Sorbona. Otros pensaban que no estaban calificados porque no contaban con títulos de doctor de universidades reconocidas. Además, Marie era mujer y la Academia nunca había admitido mujeres. A las mujeres ni siquiera se les permitía el acceso a sus salas.

Afortunadamente, Marie y Pierre tenían amigos importantes. Todos los científicos famosos de Europa y América se conocían entre sí.

En abril de 1898, Gabriel Lippmann, profesor y amigo de Marie, leyó a los miembros de la Academia el informe sobre sus descubrimientos.

Los científicos se interesaron en el informe pero ninguno estaba particularmente impresionado, todavía. No tenían certeza de que sus conclusiones fuesen correctas puesto que Marie no había demostrado aún que el polonio existía. Para ello, tendría que aislarlo de la pechblenda.

¿QUÉ ES LA RADIACTIVIDAD?

LA RADIACTIVIDAD ES UN TIPO ESPECIAL DE ENERGÍA QUE PROVIENE DEL INTERIOR DE LOS ÁTOMOS DE CIERTOS METALES O SUSTANCIAS QUÍMICAS. CUANDO ALGO ES RADIACTIVO, EMITE RAYOS DE ENERGÍA HASTA QUE ESTA SE AGOTA.

¿CUÁNTO TARDA UN METAL RADIACTIVO EN PERDER TODA SU ENERGÍA? LA RESPUESTA VARÍA SEGÚN EL METAL. ALGUNOS RÁPIDAMENTE, EN APENAS MINUTOS, HORAS O DÍAS. OTROS, COMO EL RADIO, PUEDEN TARDAR MUCHO TIEMPO. LOS CIENTÍFICOS USAN EL TÉRMINO "VIDA MEDIA" PARA DESCRIBIR CUÁNTO TARDA UN ELEMENTO EN PERDER LA MITAD DE SU ENERGÍA. EL RADIO TIENE UNA VIDA MEDIA APROXIMADA DE 1600 AÑOS, LO CUAL SIGNIFICA QUE EL RADIO TARDA MILES DE AÑOS EN PERDER TODA SU ENERGÍA. EL METAL DEJA DE SER PELIGROSO CUANDO LA ENERGÍA SE AGOTA.

Marie tenía que apurarse. Ahora que el mundo sabía del polonio, otros científicos querrían estudiarlo. Incluso Becquerel se interesó en la investigación de Marie. Tal como lo siguen haciendo hoy en día, los científicos de esa época se ayudaban entre ellos pero también competían por ser los primeros en presentar nuevas ideas.

Becquerel era un amigo y un rival a la vez. Ayudó a que Marie ganara algo de dinero con sus experimentos pero, en vez de decírselo a ella, se lo dijo a Pierre. Como era mujer, la trataba como si no fuese tan importante como Pierre. Becquerel también tomó ideas de la investigación de Marie y trató de realizar experimentos similares por su cuenta.

Pierre era totalmente lo opuesto; no le gustaba competir. Simplemente amaba la ciencia porque sí. De ellos, Marie era la ambiciosa y quería que se le reconociera su descubrimiento. Estaba resuelta a probar que su nuevo metal existía.

Marie puso manos a la obra. Trató de separar el polonio de la pechblenda pero fracasó porque las cantidades del primero son muy pequeñas.

Mientras seguía intentándolo, dio con un resultado diferente y hasta mejor. La pechblenda contenía otro metal misterioso que emitía rayos y era, incluso, más radiactivo que el polonio. Pero, ¿cuál era este metal?

Marie hizo una serie de análisis para averiguarlo. Después de varios experimentos, se dio cuenta de que había descubierto otro elemento al que su marido y ella llamaron radio. El radio era tan poderoso que aun la cantidad más pequeña era un millón de veces más radiactiva que el uranio.

Fue un año extraordinario para Marie y Pierre. Para diciembre de 1898, ella había descubierto dos elementos químicos que el mundo desconocía. Otros científicos comenzaban a reconocer su trabajo. Sin embargo, algunos todavía querían más evidencia porque no se convencían de que Marie estuviera en lo correcto. Querían ver el radio y tocarlo. Pero, ¿era posible separar el radio de la pechblenda?

Marie estaba decidida a intentarlo.

Capítulo 6
¡Brilla!

Ahora que Marie había alcanzado cierta fama, esperaba que el mundo científico la empezara a respetar. Ella y Pierre le pidieron a La Sorbona un laboratorio más grande y mejor. Querían un ambiente limpio y dotado de nuevos equipos para continuar su investigación.

La Sorbona se negó pero, en cambio, le dijeron a Marie que podía ocupar un inmenso edificio antiguo, sucio y con goteras, cercano a la universidad. Lo habían usado estudiantes de medicina para seccionar cadáveres para experimentos.

El local era extremadamente frío en invierno porque carecía de calefacción. Para entrar en calor, Marie y Pierre se acurrucaban alrededor de una pequeña estufa y bebían tazas de té a sorbos.

Marie estaba tan ocupada con su investigación
que había días que olvidaba comer. Algunas noches,
se iba a casa a ver a su hija y, cuando Irene se que-
daba dormida, regresaba al laboratorio.

Por tres largos años, Marie examinó a fondo toneladas de pechblenda. Era un trabajo agotador. Transportaba las piedras fragmentadas a un patio fuera del laboratorio. En una olla gigante, removía grandes cantidades de polvo marrón con otras sustancias químicas. Para separar los metales, tenía entonces que hervir la mezcla y luego lavarla. Se requerían cincuenta toneladas de agua para lavar una tonelada de piedras trituradas. Marie llegó a utilizar ocho toneladas de pechblenda y cuatrocientas toneladas de agua antes de culminar su trabajo.

Poco a poco, Marie fue logrando resultados. Conseguía extraer de la pechblenda ínfimas cantidades de radio que, al comienzo, no eran puras. Se las llamaba sales de radio. Ella continuó trabajando, buscando obtener el metal en una forma más pura.

Cada noche, las sales de radio proporcionaban un precioso resplandor en el oscuro laboratorio. Marie y Pierre se llevaron a casa un frasco de sales y lo colocaron junto a su cama porque les gustaba ver cómo brillaba en la oscuridad.

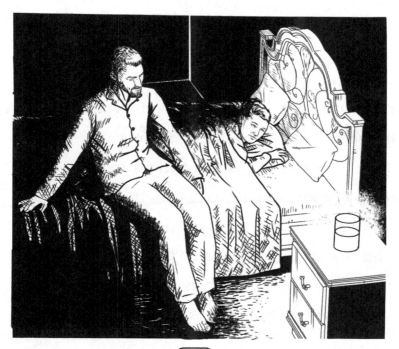

Marie no sabía aún que manipular radio no es aconsejable porque los rayos que emite son peligrosos. Tocarlo le fue produciendo con el tiempo daños en la piel. Henri Becquerel llevaba en su chaqueta un tubo de ensayo con sales de radio. A las pocas semanas, notó que su piel se había quemado en la zona más cercana a donde guardaba el radio. A Pierre le pasó lo mismo. El contacto con el radio también les estaba afectando el interior del cuerpo y los estaba enfermando.

Aun así, Marie siguió trabajando y escribiendo informes de investigación sobre sus descubrimientos. Algunas veces los escribía con Pierre. A Marie y a Pierre no se les respetaba completamente. Con frecuencia, se le daba más atención y respeto a Becquerel. Debió haber sido difícil trabajar con él, particularmente porque Pierre pensaba que Becquerel, en secreto, estaba tratando de impedir que fuese admitido en la Academia de Ciencias.

Finalmente, en 1902, casi cuatro años después, Marie logró acumular unos cuantos granos de radio puro; lo suficiente para probar su existencia. Otros científicos hicieron pruebas con el metal y coincidieron con que ella estaba en lo correcto.

Marie escribió otro largo ensayo de investigación sobre su descubrimiento. Con este informe, logró obtener por fin su doctorado de La Sorbona. Marie nunca se preocupó en vestirse bien pero, para esta ocasión, se compró un vestido nuevo. En junio de 1903, celebró con una cena en la que la acompañaron Pierre, algunos amigos y científicos famosos como Gabriel Lippmann. Todos estaban muy orgullosos de ella.

EL USO DEL ESPECTROSCOPIO EN LA IDENTIFICACIÓN DE LOS METALES NUEVOS

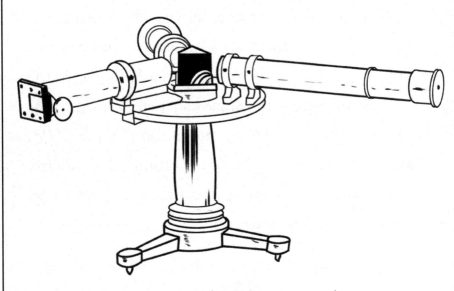

CADA ELEMENTO QUÍMICO PURO ES ÚNICO. LO MISMO PASA CON LOS METALES PORQUE SON ELEMENTOS QUÍMICOS.

PARA IDENTIFICAR UN ELEMENTO QUÍMICO, LOS CIENTÍFICOS LO CALIENTAN LO SUFICIENTE PARA QUE BRILLE. A CONTINUACIÓN, CON LA AYUDA DE UN INSTRUMENTO LLAMADO ESPECTROSCOPIO, OBSERVAN EL RESPLANDOR COMO UNA SECUENCIA DE COLORES, A MANERA DE ARCO IRIS, QUE RECIBE EL NOMBRE DE ESPECTRO.

SEGÚN SEA EL ELEMENTO, SU BRILLO PRODUCE UNA SECUENCIA O ESPECTRO CARACTERÍSTICO, COMO SI FUESE UNA HUELLA DIGITAL. SI LOS CIENTÍFICOS SE ENCUENTRAN CON UNA SECUENCIA QUE NUNCA ANTES HABÍAN VISTO, SABEN QUE SE TRATA DE UN ELEMENTO TOTALMENTE DESCONOCIDO.

CUANDO MARIE DESCUBRIÓ EL RADIO, SABÍA QUE ESTE METAL EXISTÍA AUNQUE NO PUDIERA VERLO. LA ÚNICA MANERA DE DEMOSTRAR SU EXISTENCIA ERA SOMETIÉNDOLO A UN ESPECTROSCOPIO. A MARIE LE TOMÓ MÁS DE TRES AÑOS ACUMULAR SUFICIENTE RADIO PARA ESTA PRUEBA.

A partir de ese momento, Marie y Pierre tenían la esperanza de conseguir buenos empleos en un laboratorio decente. Lo único que querían era un lugar de trabajo limpio y silencioso. Sin embargo, pronto se les concedería algo mucho más emocionante. ¡Estaban a punto de ganar el Premio Nobel!

Capítulo 7
Fama y fortuna

El Premio Nobel es la distinción más alta que pueda recibir un científico hoy en día. Sin embargo, cuando a Marie y a Pierre les llegó la carta que les comunicaba que habían ganado, esta no contenía muchos detalles. No mencionaba que el rey de Suecia estaría presente para entregar el premio ni que ellos recibirían una inmensa cantidad de dinero equivalente, hoy en día, ¡a más de medio millón de dólares!

De modo que Pierre hizo algo insólito: escribió al comité del Premio Nobel agradeciéndoles el galardón e informándoles que no podrían acudir porque Marie estaba enferma y el viaje era demasiado largo. No les era posible destinar el tiempo necesario para viajar a Suecia porque estaban demasiado ocupados dando clases.

Es probable que Pierre y Marie no se dieran cuenta de que habían sido groseros. Tampoco conocían la relevancia que tenía el Premio Nobel puesto que apenas se había empezado a otorgar hacía tres años.

Supuestamente, los Curie habrían de compartir el Premio Nobel con otro científico, Henri Becquerel. En cambio, Becquerel viajó a Suecia a recibir el premio y, en su discurso, hizo parecer que él había hecho todo el trabajo. Apenas mencionó a Marie y a Pierre.

Aun así, los Curie se hicieron famosos de la noche a la mañana. Todos los periódicos publicaban artículos sobre ellos. La gente estaba fascinada con que Marie fuese una mujer científica. Los periodistas se apersonaban en su casa todos los días y, cuando Marie no estaba, hablaban con su hija Irene. ¡Hasta llegaron a escribir noticias sobre el gato!

La prensa llamó a Marie "Madame Curie". *Madame* es la traducción en francés de la palabra "señora" por lo que, en cierta medida, el apodo hacía referencia a ella como la esposa de Pierre Curie y no como una persona famosa por mérito propio. A Marie se la conoció como *Madame* Curie por el resto de su vida.

Pierre detestaba la publicidad y todo aquello que lo distrajera de su trabajo. Marie y Pierre evitaron a los periodistas durante semanas y cuando estos les hacían preguntas, ellos contestaban con un simple "sí" o "no".

La fama les proporcionó algunas cosas buenas. La Sorbona estaba dispuesta a emplear a Pierre como profesor y, después de tantos años suplicando por un laboratorio mejor, finalmente se los concedieron.

Mientras tanto, todo el planeta se enamoraba del radio. ¿Por qué? Porque brillaba en la oscuridad. Para muchos, este resplandor les representaba una poción mágica. La gente imaginaba que curaría enfermedades, lo cual no estaba muy alejado de la verdad. El radio podía ayudar a tratar el cáncer pero, del mismo modo, hacer justamente lo opuesto. El radio estaba enfermando a la gente, incluyendo a Marie y a Pierre.

La gente adinerada cometió la tontería de beber agua con radio, todos los días, hasta que sus mandíbulas se fracturaron en pedazos. Los actores y los bailarines le ponían radio a sus trajes para que resplandecieran en la oscuridad.

Las manecillas de los relojes se pintaban con radio para que pudieran brillar y hasta una empresa de maquillaje le agregó radio a su pintura labial. Todos estos productos con radio le estaban haciendo daño a la gente.

El radio afectó a Marie y a Pierre, más que a nadie, porque lo habían manipulado por muchos años. Las manos de Pierre habían sufrido tanto daño que no las podía usar para vestirse. Le dolían los huesos hasta el punto que se le hacía muy difícil caminar.

Marie también se debilitaba con frecuencia pero, para 1904, estaba lo suficientemente saludable para traer al mundo otro bebé. El 6 de diciembre nació una niña a la que llamaron Eve.

Marie y Pierre disfrutaron a plenitud los meses que transcurrieron después de recibir el Premio Nobel. Utilizaron el dinero para irse de vacaciones a la playa, comprar ropa nueva y costearse alguna que otra cena lujosa. También enviaron grandes cantidades de dinero a la familia de Marie en Polonia. La vida parecía sonreírles.

Sin embargo, un día de abril de 1906, ocurrió algo terrible que sacudiría la vida de Marie para siempre.

Capítulo 8
Tristeza

El 19 de abril de 1906 fue un día lluvioso, gris y húmedo en todo París. En la mañana, Pierre había salido de muy buen humor a una reunión sobre ciencia. Sus amigos dijeron que estaba más feliz que nunca y que no paró de hablar.

Al finalizar el encuentro, todavía llovía y circulaban caballos, carruajes, coches, gente y tranvías por todos lados. Cuando Pierre comenzó a cruzar una calle amplia y muy transitada, lo embistió una

gran carreta halada por un caballo. Pierre trató de sujetarse del caballo para estabilizarse pero estaba tan débil que cayó. El conductor no pudo detener el pesado vehículo y una de sus ruedas embistió a Pierre, aplastándole el cráneo.

Horas más tarde, Marie recibió la terrible noticia de que su esposo había muerto. El golpe fue tan fuerte como el de la carreta que lo mató. Marie sintió que ya no había razón para volver a ser feliz. Se recluyó, no volvió a comer y rara vez se paró de su cama. Para ella era como si su vida se hubiera acabado.

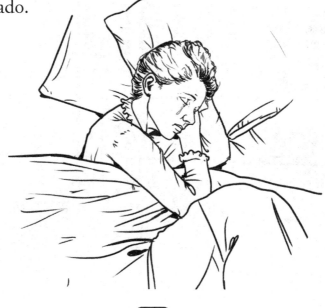

Marie pasó muchos meses triste y sola. Llegó a escribir que sus hijas, Irene y Eve, eran sus únicas razones para seguir viviendo.

Al tiempo, La Sorbona invitó a Marie a ocupar el cargo académico que desempeñaba Pierre. Marie accedió pero esto representó una victoria agridulce puesto que, mientras Pierre vivió, a ella nunca le permitieron ser profesora. De hecho,

ninguna mujer jamás había dado clases en La Sorbona. Ahora que había fallecido, le abrieron la puerta para reemplazarlo.

Marie dio su primera clase un día de noviembre de 1906. Al llegar, había cientos de personas congregadas en la calle, incluyendo periodistas y fotógrafos. La multitud aguardaba oír lo que la famosa Marie Curie iba a decir. ¿Mencionaría a Pierre?

¿Hablaría de lo mucho que significó para el mundo de la Ciencia? No. Simplemente retomó la lección donde Pierre la había dejado. Aun así, varias personas en la audiencia lloraron. Todos percibían cómo Marie se sentía y lo difícil que era para ella continuar sin él.

La tristeza de Marie se mantuvo por varios años. A pesar de ello, continuó trabajando y mudó a sus hijas a una casa en el campo, no muy lejos de París. Marie quería que Irene y Eve pudieran nadar y jugar al aire libre. También quería que aprendieran. Irene era particularmente inteligente y, como su madre, le encantaban las matemáticas y la ciencia. Eve era buena en música.

Marie organizó con sus amistades dar clases en casa a un grupo de sus hijos. Era algo parecido a la Universidad Flotante. Todos los adultos se turnaban para enseñar en sus distintas casas.

Los amigos de Marie eran científicos. Pasaban tiempo todos juntos cenando, dando clase a los niños o de vacaciones en la playa. Eran muy unidos.

Un día, se dieron cuenta de que Marie había experimentado un cambio. Repentinamente, se veía más feliz. Llevaba puesto un lindo vestido con una flor en vez de la ropa negra que había estado usando durante su duelo.

No tardaron en descifrar que la razón por la que Marie estaba feliz era porque se había enamorado. El único problema era que el hombre que amaba, Paul Langevin, estaba casado.

PAUL LANGEVIN

Paul formaba parte del círculo de amigos de Marie y de Pierre, y había sido alumno de este último. Era un científico brillante y un buen amigo. Paul era infeliz en su matrimonio. A veces, su esposa era violenta y él deseaba no haberse casado con ella.

Quizás Marie nunca quiso enamorarse de un hombre casado, pero siguió los sentimientos de su corazón y comenzó a compartir tiempo con él. No se había sentido feliz en años.

Paul le escribió cartas de amor a Marie y ella se las respondió. Jeanne, la esposa de Paul, encontró un día las cartas de Marie y se puso furiosa. Amenazó con matarla e, incluso, la llegó a seguir por la calle.

Marie intentó convencer a Paul de que dejara a su esposa y se divorciara. Él tenía cuatro hijos con ella y no quería deshacer su familia. Finalmente, le prometió a Jeanne que nunca más volvería a ver a Marie, excepto como amigos.

Ese año, Marie estaba a punto de volver a hacer historia. La nominaron para convertirse en la primera mujer con membresía de la Academia Francesa de Ciencias. ¿Estaba Francia lista para tratar a las mujeres como iguales? Había fuertes sentimientos encontrados. Muchos periódicos publicaron artículos sobre el tema quejándose y expresando que a las mujeres no se les debería admitir en grupos privados de hombres científicos. A pesar de que Marie ya se había convertido en uno de los científicos más famosos del mundo, pensaban que había que excluirla.

ACADEMIA FRANCESA
DE LAS CIENCIAS

Cuando llegó la hora de votar, ¡a Marie se le impidió ingresar a la sede de la Academia para ver qué pasaba!

La votación se realizó, exactamente, a las cuatro en punto del 24 de enero de 1911. No eligieron a Marie. Sus amigos se enfadaron pero ella reaccionó como si no le importara. Marie no era el tipo de persona que le gusta armar escándalos. Además, aún contaba con su trabajo y seguía enamorada de Paul.

En noviembre de 1911, Marie acudió a una importante reunión en Bruselas, Bélgica. Allí estaban los científicos más famosos de Europa, incluyendo a Albert Einstein. Paul Langevin también estaba presente.

La esposa de Paul entró en cólera cuando se enteró de que él y Marie estaban juntos en Bruselas. Sospechaba que seguían enamorados y envió las cartas de amor de Marie a la prensa francesa. Esto produjo un inmenso escándalo y los periódicos

comenzaron a publicar, diariamente, historias sobre Marie y Paul. Muchos franceses le echaron la culpa a Marie.

Marie estaba enojada y horrorizada. No quería que sus hijas sufrieran por esta publicidad tan negativa ni que esta fuera a arruinar su carrera.

No era un buen momento para este tipo de líos porque, esa misma semana, Marie había recibido una carta del comité del Premio Nobel anunciándole que se lo otorgaban *nuevamente* pero, esta vez, a ella sola. ¡Era un gran honor puesto que solo tres personas habían ganado el Premio Nobel *dos veces*!

Marie temía que los artículos publicados en la prensa de alguna manera pudieran invalidar su premio. Así fue.

Unas semanas más tarde, el comité del Premio Nobel le mandó otra carta. A raíz de las historias reseñadas, ¡le pidieron que renunciara al premio y no viajara a Estocolmo!

Marie no estaba dispuesta a perder esta oportunidad de marcar un hito en la historia. Le comunicó al comité que su vida privada era privada y que iría a Estocolmo a recibir su premio. Marie consideraba que le concedían el Premio Nobel por su trabajo científico y no por ninguna otra razón. Todo lo demás era irrelevante.

En diciembre de 1911, Marie se reunió con el rey de Suecia y él le entregó la medalla de oro. Marie pronunció un discurso con su cabeza muy en alto.

Se sirvió un banquete de lujo con alcachofas, pescado, pollo y vino. Su hija Irene y su hermana Bronia estuvieron presentes compartiendo su alegría.

Fue una experiencia emocionante para todas ellas y que Irene, a sus catorce años, recordaría el resto de su vida. No fue la última vez que Irene realizara ese viaje especial a Estocolmo.

Capítulo 9
Una familia de científicos

Para Marie debió haber sido maravilloso ganar su segundo Premio Nobel pero el terrible escándalo sobre su relación con Paul Langevin le pasó factura. Se había desgastado en todo sentido. Estaba enferma, triste y deprimida. Probablemente, la contaminación con radio todavía la estaba debilitando. También sufría de otras enfermedades.

Marie pasó a la clandestinidad durante los próximos años. Aunque su romance con Paul se acabó, el mundo no se lo perdonaba. La gente lanzaba piedras a sus ventanas y la prensa seguía publicando historias sobre ella.

Marie no podía soportar todas las cosas hostiles que la gente decía. Viajó de un lugar a otro dejando a sus niñas a cargo de una institutriz. Usó nombres falsos en todos estos lugares porque no quería que

la gente supiera quién era. Si alguien la reconocía
y le preguntaba si era *Madame* Curie, ella mentía
respondiendo que no.

Finalmente, después de un largo descanso en
Inglaterra con una amistad cercana, Marie se sintió
mejor y regresó a París a retomar su trabajo.

Con el paso del tiempo, la gente olvidó el escándalo y ella pudo volver a ser ella misma y enfo-
carse en su trabajo. Mientras Irene crecía, se iba

convirtiendo en compañera y socia de su madre. Hablaban juntas de ciencia como antes lo hicieron Marie y Pierre.

En 1914, se construyó todo un edificio para albergar las investigaciones de Marie. Al comienzo se llamó Instituto del Radio pero, más adelante, se rebautizó como el Instituto Curie. Marie aspiraba a trabajar allí con Irene muy pronto.

La Primera Guerra Mundial estalló antes de que se inaugurara el laboratorio. Los alemanes invadieron Francia y, ante las circunstancias, Marie quiso ayudar. Primero, se propuso recopilar todo el radio de Francia y esconderlo para que los alemanes no lo tomaran. Lo depositó en una pesada maleta y viajó con ella en tren por diez horas. Al llegar a Burdeos, lo almacenó en la bóveda de una universidad y regresó a París donde llegó sin haber comido nada durante día y medio. Cuando Marie tenía una misión, ninguna otra cosa era importante.

Más adelante, Marie inventó un pequeño aparato de rayos X que podía transportarse fácilmente a donde hubieran soldados heridos. A estos aparatos se los llamó "Pequeños Curie". Marie y su hija Irene, que ya tenía 17 años de edad, conducían con estos hasta los hospitales cercanos a los campos de batalla.

LA PRIMERA GUERRA MUNDIAL

LA PRIMERA GUERRA MUNDIAL COMENZÓ EN 1914 CUANDO AUSTRIA-HUNGRÍA ABRIÓ FUEGO. AL POCO TIEMPO, MUCHAS NACIONES EUROPEAS SE ENCONTRABAN BATALLANDO ENTRE SÍ. FRANCIA, INGLATERRA Y RUSIA ESTABAN EN EL MISMO BANDO Y PELEABAN CONTRA ALEMANIA Y AUSTRIA-HUNGRÍA. LOS ALEMANES ERAN LOS AGRESORES E INCURSIONABAN EN BÉLGICA Y FRANCIA PARA INVADIRLAS.

EN 1917, ESTADOS UNIDOS SE UNIÓ A LA GUERRA PARA AYUDAR A SALVAR A INGLATERRA Y A FRANCIA. MÁS DE CUATRO MILLONES DE ESTADOUNIDENSES PELEARON EN EUROPA CONTRA LOS ALEMANES. EL 11 DE NOVIEMBRE DE 1918, TERMINÓ LA GUERRA CON LA VICTORIA DE ESTADOS UNIDOS, INGLATERRA Y FRANCIA SOBRE ALEMANIA.

Cuatro años después de que Alemania perdiera la guerra, Irene retomó sus estudios en París. Se llegó a graduar y se convirtió en científica, oficio que desempeñó junto a Marie.

Un día, Paul Langevin reapareció en sus vidas de una manera peculiar. Paul le habló a Marie sobre

uno de sus jóvenes estudiantes llamado Frederic Joliot.
Frederic idolatraba a Marie
y Pierre Curie, y quería
trabajar en el laboratorio
de ella.

Marie le dio trabajo
y, al poco tiempo, él se
enamoró de Irene. Al
comienzo, Marie des-

FREDERIC JOLIOT

confiaba de él porque pensaba que solo buscaba
codearse con la famosa familia Curie. Pero, con el
tiempo, llegó a agradarle. Irene y Frederic Joliot se
casaron el 9 de octubre de 1926.

Marie siempre había sospechado que el cáncer
se podía tratar con radio, y no se equivocó. Pasó
el resto de su vida estudiando los beneficios que
pudiera tener el radio en los humanos. Paralela-
mente, su hija y Frederic realizaban su propia investigación. ¡Lograron crear radiactividad artificial!

Mientras Marie envejecía y se ponía más enferma, Irene fue tomando las riendas del Instituto del Radio.

En mayo de 1934, Marie comenzó a sentirse muy débil otra vez. Finalmente, el radio la estaba venciendo y conduciéndola a la muerte. Su hija Eve se la llevó a descansar a las montañas de Francia, pero no mejoró. Marie murió el 4 de julio, a los sesenta y seis años de edad.

Era muy peligroso tocar la ropa, los libros, las libretas y demás efectos personales de Marie porque estaban radiactivos. El radio también afectó todos los implementos que utilizó en su laboratorio. De hecho, sus pertenencias se mantuvieron tan radiactivas a lo largo de un siglo que era riesgoso manipularlas.

Cuando Marie falleció, la enterraron cerca de Pierre en la pequeña aldea francesa donde él creció.

La fama de la gran familia Curie no murió con ella. Al año siguiente, le otorgaron el Premio Nobel a Irene y a Frederic Joliot-Curie por sus descubrimientos en el campo de la química.

Irene y Frederic tuvieron dos hijos, Helene y Pierre. Ambos se convirtieron en científicos. Asombrosamente, Helene se casó con el nieto de Paul Langevin, quien también era científico.

Eve, la hija menor de Marie, no se convirtió en científica sino en escritora. Escribió un libro sobre su madre, titulado *Madame Curie*, que hizo que Marie se volviera famosa en Estados Unidos.

Marie se ha mantenido hasta hoy en día como la mujer más famosa en la historia de la ciencia. Hay edificios que llevan su nombre, dos museos están dedicados a su vida y a sus investigaciones, y su rostro es la imagen de billetes de Francia y Polonia.

En 1995, el gobierno francés decidió desenterrar los ataúdes de Marie y de Pierre y mudarlos al Panteón, un antiguo edificio de París donde está

enterrada la gente más famosa de ese país. El presidente de Francia acudió a la ceremonia.

Ya no importó más que Marie Curie hubiera sido mujer. Finalmente le concedieron el más alto respeto y honor que siempre mereció. Su trabajo cambió al mundo y su nombre perdurará por siempre en la memoria.

Marie Curie
(1867-1934)

LÍNEA CRONOLÓGICA DE LA VIDA DE MARIE CURIE

1867 —María Sklodowska nace en Polonia.

1873 —A los quince años de edad, se gradúa de bachiller como la mejor de su clase.

1891 —Llega a París para estudiar en La Sorbona.

1895 —Se casa con Pierre Curie.

1897 —Nace Irene, su primera hija.

1898 —Descubre dos elementos químicos nuevos.

1902 —Obtiene una muestra de radio puro.

1903 —Junto con Pierre, gana el Premio Nobel por su trabajo con la radiactividad.

1904 —Pierre comienza a dar clases en La Sorbona.
Nace Eve, su segunda hija.

1906 —Pierre muere en un accidente.
Marie ocupa su puesto de profesor en La Sorbona.

1911 —Gana su segundo Premio Nobel.

1914 —Inventa un aparato de rayos X para ayudar a los soldados heridos en el campo de batalla, durante la Primera Guerra Mundial.

1926 —Su hija Irene se casa con Frederic Joliot.

1934 —Muere a los sesenta y seis años.

LÍNEA CRONOLÓGICA DEL MUNDO

Se inaugura el metro de Londres. — **1863**

Asesinan al presidente Abraham Lincoln. — **1865**

Se inaugura el Canal de Suez. — **1869**

Alexander Graham Bell inventa el teléfono. — **1876**

Después de una década en construcción, se inaugura el puente — **1883**
de Brooklyn.

Se estrena *Asalto y robo de un tren*, una de las primeras — **1903**
películas mudas.
Los hermanos Wright realizan el primer vuelo en aeroplano.

Henry Ford presenta el Ford T. — **1908**

Se hunde el *Titanic*. — **1912**

Comienza en Europa la Primera Guerra Mundial. — **1914**
Se inaugura el Canal de Panamá.
Ernest Shackleton inicia una expedición a la Antártida.

Estados Unidos se incorpora a la Primera Guerra Mundial. — **1917**

La Primera Guerra Mundial finaliza con la firma del Tratado — **1919**
de Versalles.

Se desploma la bolsa de valores estadounidense, dando inicio — **1929**
a la Gran Depresión.

Finaliza la construcción del Empire State. — **1931**

Amelia Earhart se convierte en la primera mujer que cruza — **1932**
sola el océano Atlántico.

Colección ¿Qué fue...? / ¿Qué es...?

El Álamo
La batalla de Gettysburg
El Día D
La Estatua de la Libertad
La expedición de Lewis y Clark
La Fiebre del Oro
La Gran Depresión

La isla Ellis
La Marcha de Washington
El Motín del Té
Pearl Harbor
Pompeya
El Primer Día de Acción de Gracias
El Tren Clandestino

Colección ¿Quién fue...? / ¿Quién es...?

Albert Einstein
Alexander Graham Bell
Amelia Earhart
Ana Frank
Benjamín Franklin
Betsy Ross
Fernando de Magallanes
Franklin Roosevelt
Harriet Beecher Stowe
Harriet Tubman
Harry Houdini

Los hermanos Wright
Louis Armstrong
La Madre Teresa
Malala Yousafzai
María Antonieta
Marie Curie
Mark Twain
Nelson Mandela
Paul Revere
El rey Tut